كلٌّ منًّا له حياة واحدة فقط.. فاختر الطريق الصحيح لحياتك، وقدر قيمة الوقت، والتعاسة ما هي إلا استسلام، فهي ليست بقدر.

فالحياة مثل السيارة إذا فهمتها، وتعلمت التعامل معها، واتبعت إجراءات السلامة، نجوت (بإذن الله)، وإذا أسأت الاستخدام فلا تقل إنه القدر.

الإهـــداء

أهدي ثواب منفعة هذا الكتاب إلى أبي الحبيب، الذي مهما كتبت عنه لا أوفّيه حقه، فهو نموذج وقدوة، ورغم وفاته وأنا في سن صغيرة، وحساسة (في مرحلة المراهقة) إلا أنه أنبت نبتة (أسأل الله أن تكون صالحة) وحصد ثمارها بعد وفاته، فاللهم اجعل الفردوس الأعلى مستقره ومقامه، واجعل هذا العمل نافعًا، وأسألك الرضا يا رب، وأن تبارك في عمر أمي التي لم أرَ منها أي إهانة قط في تربيتي.

عزة بيومي

افهم تسعد

AUSTIN MACAULEY PUBLISHERS™

LONDON • CAMBRIDGE • NEW YORK • SHARJAH

شكر وتقدير

أود أن أشكر الكثيرين، الذين هم سبب غير مباشر لميلاد أول كتاب لي، وأتمنى أن يعطيكم الكتاب جرعة لا بأس بها من الأمل والتفاؤل في زمن أكثر أحواله تدعو لليأس، لكن المؤمن بالله حقًّا يتذكر دائمًا رحمة الله، وأن رحمته وسعت كل شيء، وأن كل شيء عنده بحكمة وبمقدار.

الفهرس

مقدمة   12

1- صراع الإنسان   13

2- حقوق الحياة محفوظة   17

3- المجتمع، ومقاييسه الخاطئة (عاهات، وتقاليد)   21

4- لماذا خلقت   25

5- عمرك   27

6- الشماعة   29

7- الحكمة، والخير الكثير   31

8- لا تغتر   33

9- خدعوك فقالوا طبع   37

10- احترم نفسك.. يحترمك الآخرون   39

11- سيطر على همومك، وحصّن نفسك — 43

12- حياتك قرارك — 47

13- التصنيف والتقديس — 51

14- ثقافة الحوار — 53

15- حقيقة المناسبات — 55

16- النعمة التي لا يجب أن تشوه — 57

17- أمانة التربية — 63

18- قصص نجاح رغم الصعوبات — 65

19- لن تنالوا البر حتى تنفقوا مما تحبون — 67

20- يحكى أن — 77

21- يا لها من عبرة — 83

22- لحياة أفضل — 85

23- رسائل — 99

24 - خاتمة — 109

بسم الله الرحمن الرحيم

وبه أستعين، وعليه أتوكل

كتاب افهم تسعد

مقدمة

هناك موضوعات متفرقة قرأتها من كتب عديدة، وسمعتها من علماء ومختصين، ارتاح معها قلبي، وحاولت تنفيذها لأقصى درجة ممكنة، إلى أن تولد لديّ تفكيري الخاص، الذي بَنَتْهُ القراءة، ومعرفة أسرار الراحة والنجاح، وما زِلت مستمرة.

فما أكثر المشاكل في هذه الدنيا، وما أكثر همومها، ولا يريح الإنسان إلا الصواب.

وأنا مثل أي شخص لم تخلُ حياته من الابتلاءات، لكن في كل مرة بفضل الله تعالى أحاول التغلب عليها، ودائمًا أركز على النصف الممتلئ من الكوب، وليس الفارغ، وهذا ما يميزني، ويجعلني شخصية متفائلة لا تهتز بسهولة، أسأل الله الثبات والقبول.

فلو جعلنا أعمالنا أكثر من كلامنا، وتجنبنا نقدنا الهدام؛ لتحسنت حياتنا كثيرًا.

وفي هذا الكتاب سأسلط الضوء على قدرات الإنسان، وأنه يستطيع النجاح، وما الفشل إلا بداية جديدة، فلا يجب الاستسلام.

1- صراع الإنسان

اليوم، ولأول مرة كان شعوري فريدًا من نوعه، ورغم أني فقدت والدي في سن حساسة، وأني تعرضت لصدمة قوية بدأت أكبر وأفهم أن الموت حق، وأرى الكثير من حالات الوفاة، إلا أن اليوم ينتابني شعور مختلف تمامًا!! اليوم تُوُفِّيَ (كلب) لشخص قريب، كان متعلقًا به لدرجة كبيرة جدًّا، وفجأة رحل عنه بدون مقدمات (دون الخوض في أسباب الوفاة)، وبعد سنين طويلة – حوالي عشر سنوات – ولحظات مختلفة قضاها معه من الحزن، والفرح، و... رحل عنه، وكانت الصدمة غير متوقعة بالنسبة له.

- بالطبع سوف أجد من يريد أن يقول: إنه كلب! تركتِ من فقد أُمه مثلًا، وتصفين شعور شخص فقد كلبًا! هنا سوف أجيب بأمرين:

أولًا: لا يجب أن نستهين بمشاعر بعضنا البعض، وندخل في مزاد، مثل "أنا مخنوق أكثر منك"، "هذا إحساسه أكبر"، "هذا متألم أكثر"، فالألم ألم، كبر أم صغر يصنف تحت الألم، فلماذا نستهين؟! واجبنا أن نساندهم، وليس من شأنك التقليل من الألم (حتى الشوكة تكفر الذنوب).

ثانيًا: تأثرت كثيرًا بوفاة هذا الكلب، رغم أني لم أقم بالتعامل معه مباشرة، ولكني شعرت بأحاسيس كثيرة عند وفاة الكلب، فهو مخلوق خُلِقَ ليؤدّي مهمته في الحياة، ووقته انتهى.
(بالمناسبة، الموت لبني آدم ليس بالنهاية).
لم يتذكر هذا الشخص أن الكلب أذاه بأي نوع من أنواع الإيذاء، بقصد أو بدون قصد، مهما فعل معه.
وهنا تبادر إلى ذهني تساؤل "لماذا يوجد بيننا نحن البشر الأذى والتجريح في العلاقات؟!
لماذا نجد علاقات كثيرة انتهت بالفشل رغم تخلل الحب فيها؟!
وجدت أنه الشيطان!!
فكلُّ عمله في حياتنا ينحصر في الهدم والتدمير؛ ليستمتع بخسارتنا، والله ورسوله وهبا الإنسان منهاجًا يهتدي به، وحذرانا منه، فعلى قدر اتباعنا لوصاياهما، على قدر نجاحنا وسعادتنا.

- سيسأل البعض ويقول: "لماذا تضربين لنا المثل بحيوان؟!"

أقول له: نعم، ألم نتعلم دفن موتانا من الغراب؟! تعلمنا منه واحدة من أهم الأشياء، وهي دفن موتانا، نحتاج أن نتعلم معنى الوفاء من الكلب، والإخلاص، وأن ترحل بدون ترك أذى من خلفك، لم أكن أستوعب أن شخصًا معك فجأة لن تراه ثانية، مؤمنة، لكن لا أعتقد أن من يفقد عزيزًا أنه يستوعب، من الممكن أن يرضى، ويتأقلم، لكن يستوعب؟! صعب، لكن يحاول، والأيام تؤكد له أنه من المستحيل أن يراه مرة أخرى.

- ليتنا نعيش في صفاء، وسلام، واطمئنان. (نعم نستطيع)

"قَالَ فَبِعِزَّتِكَ لَأُغْوِيَنَّهُمْ أَجْمَعِينَ* إِلاَّ عِبَادَكَ مِنْهُمُ الْمُخْلَصِينَ"

[سورة ص: الآيات: 82 – 83]

- تمَعَّنوا جيدًا، اعلموا عدوكم، وحاربوه، وهنيئًا للمخلصين، فلا بد وأن تعلم جيدًا أن عدوك هو الشيطان الذى من شأنه تدمير العلاقات، ومحاربة الأزواج ليفرق بينهم، ويجعلنا نتبع شهواتنا، ويملكنا الغضب؛ لنخسر بعضنا البعض.

2- حقوق الحياة محفوظة

1- توضيح حقك في الحياة:

خلقَنا الله، وأعطانا حقوقًا في الحياة يصعب التنازل عنها، مثل: الحرية، الاحترام، التعليم، الاختيار، الغذاء، الدواء، وغيرها من الحقوق المكفولة لنا، وحقك في الحياة أن تستمتع بكافة حقوقك التي كفلها لك الله. وليس من شأن شخص قط أن يحرمك، أو يساومك على حقوقك في الحياة.

2- مفهوم الرضا:

الرضا عكس السخط، وهنا أود أن أوضح شيئًا في غاية الأهمية؛ لأن البعض يفهم الرضا بمفهوم خاطئ.

ففي حالة الابتلاء يجب على الشخص هنا الرضا، والنظر إلى ما أنعم الله عليه من نعم أخرى، وأن يصبر، ويسعى لمعرفة الحكمة من الابتلاء، وأولًا وأخيرًا الابتلاء يأتي لحكمة، لا لتعذيب الشخص، بل

لجعله أفضل (فكل شيء عنده بحكمة ومقدار) فالابتلاء دائمًا يأتي بدرس، إنْ فهِمتَه سيزول هذا الابتلاء.

مثال توضيحي: شخص ابتلاه الله بمرض، فيجب عليه الصبر (مع العلاج) فالطبيعي ألا ييأس الإنسان، وأن يدرك أن كل أمر المؤمن خير.. إذًا هل الابتلاء معناه أن يصبر الشخص بدون علاج؟ وما دور المحيطين به؟

فالإنسان عليه دائمًا أن يسعى لتحسين كافة أمور حياته، فكلنا مأمورون أن نسعى لتصليح ما أصاب حياتنا من خلل، والنتيجة من الله، لا أن نستسلم تحت مسمى القدر والرضا، فعلينا دائمًا البحث عن سبل راحتنا (في الطريق الصحيح) وأن ندرك أن كُلًّا مِنَّا له دور تجاه الآخر، فعلينا أن نساعد بعضنا البعض للوصول لكافة حقوقنا في الحياة التي أعطاها الله لنا في شريعته.

ونرى نموذجًا منتشرًا كثيرًا في أيامنا هذه، وهو خلل في العلاقات الأسرية، ويدرجونه تحت مسمى القدر، فالقدر يكون من الله، ولن تُسأل عنه، ولكنك ستُسأل عن حياتك، وما توصلت إليه، وستُسأل عن تعاملك مع القدر، فعندما قال الله لك: إن الدعاء من شأنه تغيير القدر، فهذا كفيل أن تستسلم، وتثق أن الله بيده كل شيء، فعلينا السعي، وعلى الله النتيجة.

3- مبدأ حفظ الحقوق:

حقوقنا في الحياة محفوظة.. محفوظة بحكم الدين والشرع.. ألم تقرأ دائماً في كل كتاب "حقوق الطبع محفوظة، وحقوق النشر محفوظة"، فأيّ اختراق أو تعدٍّ من أي شخص سيعرضه للمسئولية والمحاسبة، كذلك حقوقنا في الحياة محفوظة، وأي تعدٍّ أو انتهاك سيعرّض صاحبه للمساءلة، والعقاب من الله، فليس من حق شخص أن يحصر حقوقك، ويقول لك: "احمد الله فهناك من لا يجد ما أنت فيه".. حقك في الحياة أن تعيش معيشة كريمة، وأن تحلم وتسعى، طالما لا يتعارض مع دينك.

إذًا القاعدة هي ((شكر، رضا، سعي))، هذه القاعدة غير قابلة للتجزئة.

4- حقوق الإنسان في المجتمعات الغربية والإسلامية:

أحزن كثيرًا عندما أرى المجتمعات الأوروبية تعطي كافة الحقوق للإنسان، على الرغم من أن الإسلام هو الذى أقر بكافة حقوقنا، فكل إنسان غربي يدرك حقه في الحياة جيدًا، بينما الحقوق في المجتمعات الإسلامية في تشوه تام؛ لأننا تركنا الدين، واتبعنا العادات والتقاليد، وما فيها من ظلم وإهدار للحقوق بشدة.

ولا تتعجب عندما تسمع عن النظرة السيئة للمجتمعات الإسلامية، وما فيها من إهدار للحقوق، والبعد عن الدين.. والدين بريء من كل هذا، ناهيك عن الإعلام الذي يدمر صورة المسلم، ويظهره

بالجهل، والقبح بدلًا من توعية الأفراد، وإنارة طريقهم بالصواب، فكل هذا ناتج عن الجهل.. فالجهل أكبر عدو للبشرية، فإذا أردنا أن نأخذ حقوقنا فلنرجع إلى ديننا الإسلامي الجميل، فهو الضامن للإنسان للحفاظ على كافة حقوقه في الحياة..

وحتى الأطفال أرى الكثير ممن يتجاهل التنمر بينهم، ويقول إنهم أطفال، إذا لم تربِّ طفلك منذ نعومة أظافره على احترام الغير، فمتى تتوقع أن يتعلم؟!

إذا وقع عليه تنمر من طفل، وتجاهلت ذلك، ولم تقدر مشاعره، فقد تكبر معه، حاملة معها أحاسيس سلبية، وعدم ثقة بالنفس، فأين دورك؟!!

وإذا كنت ممن يقول: "أربّيه على الاعتماد على نفسه"، فيا عزيزي، الطفل لا بد وأن يجد من يقدر مشاعره، وإذا حدث خطأ حتى ولو من طفل آخر، ولم يجد استجابة من المسئول فسوف نجد غابة قادمة بها مشاعر متوحشة!!

هذه ليست مبالغة! وتوجد نماذج كثيرة من ذوي مناصب، ولديهم عُقَد من الطفولة! وربما صادفوك، وربما تكون واحدًا منهم.

هذا لا يدعو للالتفات إلى الخلف، ولكن دائمًا أهم ما في المبنى الأساس، وإذا وُجِدَ خلل فيجب معالجته، والتعامل معه؛ لأن أي تجاهل فسوف ينتج عنه أضرار لا محالة.

الوعي، والمعالجة هما الحل.

3- المجتمع، ومقاييسه الخاطئة (عاهات، وتقاليد)

إذا بحثت في كثير من المشاكل فسوف تجدها تتعلق بالتأثير السلبي للمجتمع على الفرد.. فالمجتمع يضع الشخص في قالب، إذا خرج عنه يعتبر شاذًّا، وناشزًا! ولا يسمح بمفهوم الحرية في التفكير.

فتجده يضع سنًّا للزواج، وقوانين للفرد، وكأنه يسير كالقطيع، ناهيك عن الحكم السطحي، والتدخل غير المبرر!

فتجد الشخص يولد، ويكبر، ويتعلم، ويتزوج، ويكمل حياته، وهو لا يعرف ماذا يريد من الحياة متناسيًا تمامًا راحته في مقابل إرضاء الآخرين، وأنه متماشٍ مع إطار المجتمع.

ومَن سعى لإرضاء الناس بات بعيدًا لا روح له.. فالله خلق لكل واحد منا بصمة مختلفة عن الآخر، ولا يوجد اثنان على البسيطة لهما نفس البصمة، حتى ولو توأم؛ ليفكّر بعقله، ويرسم حياته، ويضع بصمته، وعند البعث يبعث وحده..

يقول الله تبارك وتعالى:

﴿وَكُلُّهُم آتيهِ يَومَ القِيامَةِ فَردًا ﴿٩٥﴾﴾ [مريم: 95]

وسأروي لكم قصة شهيرة لجحا، وابنه، وحماره، توضح لكم أن المجتمع لا يرضيه شيء، وعليك برضا الرحمن فقط لتعيش مرتاح البال.

في يوم كان جحا وابنه يحزمون أمتعتهم استعدادًا للسفر إلى مدينة أخرى، فركبا على ظهر الحمار؛ ليمضوا في رحلتهم..

وفي الطريق مرّوا على قرية، فأخذ الناس ينظرون إليهم، ويقولون في دهشة: "انظروا إلى قساة القلوب، يركبون فوق ظهر الحمار بلا أي رأفة به!"

وبعد مسافة نزل الابن من فوق الحمار، وسار على قدميه لكي يرضي أهل القرية، ولا يقولون عنه مثل ما قالوا من قبل، فلما رآهم مجموعة من الناس قالوا: "انظروا إلى الأب الظالم يدع ابنه يسير على قدميه، ويرتاح هو، ويركب الحمار!"

وعندما اقتربوا من الوصول للقرية ركب ابنه فوق الحمار، وسار الأب على قدميه، وعندما رآه أهل القرية قالوا: "انظروا إلى الابن العاق، يترك أباه يمشي، ويرتاح هو، ويركب الحمار!"

فغضب جحا كثيرًا من هذا الأمر، فقرر أن يسير هو وابنه على أقدامهم، فلمّا رآهم أهل المدينة قالوا: "انظروا إلى هؤلاء الحمقى يسيرون على أقدامهم، ويتركون الحمار خلفهم وحيدًا!"

فقرر جحا عند وصوله بيع الحمار.

ما أشبه هذه القصة بواقعنا! فالكل يسير لإرضاء الناس، ولن ترضى الناس، وستظل في انتقاد مستمر إلا مَن فهم، وعرف حدوده.

فأنت تنشأ على إرضاء الغير، وعندما يكون لك الحرية في اختيار حياتك يظل عقلك الباطن متأثرًا بآرائهم وانتقادهم.

4- لماذا خلقت

خلقَنا الله في هذه الدنيا؛ لنكون خلفاء في الأرض، ونعمرها، وجعل كل واحد منا متفردًا ومتميزًا؛ لنكمل بعضنا البعض.

فخلقَنا مع بعض ليكون لكل منا دور تجاه الآخر، فإن لم يقدر على إفادته فلا يضره بأي نوع من أنواع الضرر، حتى لو بكلمة.

فكل واحد منا له بصمته الفريدة ليضعها (فكل ميسر لما خلق له).

قد تكتشف ذلك في بداية عمرك، وقد تكتشف ذلك بعد دراستك...لا يهم متى، ولكن لا بد أن تبحث وتعرف ماذا تستطيع أن تقدمه، وتضع بصمتك الخاصة فيه.. حتمًا ستجد لكن لا بد أن تبحث، وتسعى لا أن تكتفي بالحياة الروتينية، فقدِّر قيمة الحياة.

واسأل نفسك لماذا خلقت، حتى لو بلغ عمرك الستينيات.. فالعبرة بالخواتيم.

الأهل بيدهم تسليط الضوء على هذا، إذا كانوا على درجة عالية من الوعي (العلم نور).

فلا شك أن الأهل بقدرتهم أن يقطعوا مسافة كبيرة.

المهم أن تعرف ما عندك، وتنميه.

هناك طبيب بالوراثة، دخل الطب رغم أنفه، وبناءً على رغبة الأهل، وفشل في إثبات ذاته.

وهناك من يمتهن حرفة بسيطة لكنه مبدع، ومنفرد...

فالثاني سيقابل الله، وهو مستغل قدراته.

وهنا أقول للأهل: ابحث في طفلك عن مواهبه وقدراته، وازرع فيه الثقة، وحرية الاختيار، ولا تبحث عن الصيت، أو حسب المنبع.

فلا تذهب للطب والهندسة لأنهما أفضل، وسيقال دكتور، ومهندس، بل اذهب إلى ما تريده، وستضع بصمتك فيه.

وأقول للأهل: لا تجعله يدرس ليتفوق، بل اجعله يدرس ليتعلم، ويفهم، ويفيد نفسه، ومن ثَمَّ يفيد غيره، ولحظتها سيتفوق.

قال تعالى: "الَّذِي خَلَقَ الْمَوْتَ وَالْحَيَاةَ لِيَبْلُوَكُمْ أَيُّكُمْ أَحْسَنُ عَمَلًا وَهُوَ الْعَزِيزُ الْغَفُورُ" [الملك:2]

5- عمرك

بماذا تحسب عمرك؟

هل هو بعدد السنين فقط؟!

لا، فقد ترى شخصًا عمره في الستينيات، أو السبعينيات، وتجده شابًا روحه جميلة، وتقول: والله لا أعطيه هذه السن، وقد تجد آخر في الثلاثينيات أو العشرينيات، وتقول: إنه أكبر من عمره الحقيقي، وقد يشعر الإنسان بداخله بأنه بلغ من الكبر عتيًّا، وقد يشعر آخر – رغم بلوغه الخمسينيات أو الستينيات – بالشباب، كل هذا يرجع إلى معيار (القلب).

فإذا تعاملت مع الحياة، وواجهت التحديات والصعوبات، فلا تسمح للهموم أن تسكن قلبك، فسوف تظل شابًا، وقلبك في شباب دائم؛ لأن العمر لا يحسب بالسنين فحسب، فعمرك في البطاقة ليس هو المقياس.

لذلك قال أحد الحكماء:

"أيامك في الدنيا خمسة:

1- يوم مفقود:

وهو أمس الذى مضى بما فرطت فيه.

2- يوم مشهود:

وهو يومك الذى أنت فيه، فلا تضيعه.

3- يوم مولود:

وهو غدك، ولا تدري ما الله فاعل فيه.

عليك السعي، والمستقبل بيد الله، لا تستهلك نفسك بكثرة التفكير

فيه.

4- يوم موعود:

وهو آخر يوم لك في الدنيا.. فاعمل له ما يَسُرُّك فيه.

5- يوم الميعاد:

وهو يوم الخلود. فماذا أنت فاعل فيه؟"

قال تعالى: "وَالْعَصْرِ (1) إِنَّ الْإِنْسَانَ لَفِي خُسْرٍ (2) إِلَّا الَّذِينَ آمَنُوا وَعَمِلُوا الصَّالِحَاتِ وَتَوَاصَوْا بِالْحَقِّ وَتَوَاصَوْا بِالصَّبْرِ (3)" [العصر: 1- 3]

6- الشماعة

إذا سألت أي شخص عن عثراته، سيكون الرد "عين"، و"حسد" وإذا حاولت أن تبحث معه عن أسباب أخرى فسيسرع بقوله: "العين مذكورة في القرآن، والسُنّة.. بالطبع ما حدث لي عين، وحسد"..

لا شك أني أومن بالعين والحسد. فقد قال رسول الله (صلى الله عليه وسلم): **"العين حق، ولو كان شيء سابق القدر، سبقته العين".** ولكن دعني أقول لك شيئًا: إذا أقرت منظمة الصحة العالمية بوجود مرض، وُوجِدَ مع المرض العلاج وطرق الوقاية، فمِمَّ الخوف؟! أي فشل يصيب الإنسان سرعان ما يرمى به على شماعة العين والحسد، حتى تَوَلَّدَ لدَى الجميع مرض منهم!!
أصبح الكثير يخاف حتى مِن أقرب الناس إليه.

عزيزي القارئ، أخذ الحيطة والحذر لا يتعارض مع الإيمان بالقدر، فعليك الأخذ بالأسباب.. لكن يصل الأمر إلى مرض!!

تذكر دائمًا قول الله تعالى: "قُل لَّن يُصِيبَنَا إِلَّا مَا كَتَبَ اللَّهُ لَنَا هُوَ مَوْلَانَا ۚ وَعَلَى اللَّهِ فَلْيَتَوَكَّلِ الْمُؤْمِنُونَ"

[التوبة:51]

ما أجمل هذه الآية! فهي حقًّا تبعث الطمأنينة في النفوس.

وأخيرًا، أقول: إن الإنسان يجد ما يركز عليه، فلو ركزت مع العين والحسد ستصاب بهم، ولو ركزت مع الأذكار، والتحصين، والدعاء، وأنهما قوة خارقة، سوف تشعر أنك في حصانة من رب العالمين والله خير حافظًا وهو أرحم الراحمين.

7- الحكمة، والخير الكثير

مفهوم الحكمة:

قال ابن القيم:

"إن الحكمة هي فعل ما ينبغي،

على الوجه الذي ينبغي،

في الوقت الذي ينبغي"

فلو كان ما يميّز عقلك هو حسن التفكير، فأهم ما يميز الحكمة هو حسن التصرف.

وسوف يتبادر إلى أذهاننا تساؤل: هل يوجد فرق بين الذكاء والحكمة؟! وهل كل ذكي حكيم؟!

الذكاء هو التفكير السليم. وأما الحكمة فهي لا تقتصر على مجرد التفكير، بل لا بد وأن يتبعه حسن التصرف، فليس كل ذكي حكيمًا.

فالحكمة تأتي أولًا من الله، فاسأل الله دائمًا أن يمدك بالحكمة؛ لأنها خير كثير، ومع الدعاء عليك بكثرة المعرفة، والاستعانة بذوي الحكمة، والحكماء تعرفهم من حسن تصرفهم.

فتجد كثيرًا من الأشخاص الذين يتميزون بذكائهم، ولكنهم غير ناجحين في حياتهم، وكذلك نرى كثيرًا من النماذج الناجحة في عملها، ولكنهم فشلوا في حياتهم الخاصة؛ فنصدم بسبب ذلك.

فمثلًا عند الزواج، لا بد وأن يفهم كل من الطرفين نفسية الآخر، وكيفية التعامل معه.

فقال الله تعالى في كتابه الكريم: **"وَمِنْ آيَاتِهِ أَنْ خَلَقَ لَكُم مِّنْ أَنفُسِكُمْ أَزْوَاجًا لِّتَسْكُنُوا إِلَيْهَا وَجَعَلَ بَيْنَكُم مَّوَدَّةً وَرَحْمَةً ۚ إِنَّ فِي ذَٰلِكَ لَآيَاتٍ لِّقَوْمٍ يَتَفَكَّرُونَ"**

[الروم: 21]

وكذلك مع الأطفال، نجد كثيرًا من المشاكل النفسية لديهم؛ بسبب جهل الأم والأب في إشباع احتياجاتهم النفسية، بالرغم من نجاحهم على صعيد آخر.

ونستمع لكثير من حالات الطلاق التي تقع، ليس بسبب عيب من أي طرف، لكن لجهل كل منهم في إشباع احتياجات الآخر.

فالحكمة تشبه المفتاح.. فسبب مشاكلنا في استخدام مفتاح واحد لجميع الأبواب، بالرغم أن لكل باب مفتاحًا خاصًّا به.

وأُذَكِّرُكَ بأن: **"فقيهًا واحدًا أشد على الشيطان من ألف عابد"**.

8- لا تغتر

الغرور صفة يكرهها الجميع بلا استثناء، فهي صفة منفرة، فقد يغتر الإنسان بماله، أو بجماله، أو بجاهه، أو بشهادته...إلخ.

والمغرور يتسم بالاستعلاء على الآخرين.. فلا شك أنه أحد الأمراض النفسية الناشئة عن نقصٍ ما لدى صاحبه.

وهنا لا بد أن ننبه أنه يوجد فرق بين الغرور والثقة بالنفس، وأن ما يفصل بينهما شعرة.. فالثقة بالنفس تكون نتاج أساس قوي، أما الغرور فهو ينتج من النقص، وقلة العقل.

فالمغرور يسيطر عليه النقص، فهو لو فكر قليلًا لأدرك أن ما يغتر به ممكن أن يزول في لحظة، مهما بلغ من شأنه.. فعلام يغتر؟!

وأنا أود أن أتكلم عن ظاهرة منتشرة، وهي الغرور في الطاعة..

نعم، فنجد الكثير ممن يتكلمون، وكأنهم المعصومون، فكلنا بشر، فلا يوجد من هو معصوم من الخطأ مهما كان (أب، أم، معلم، شيخ...إلخ).

انظر معي إلى هذا الحديث، عن أبي هريرة – رضي الله عنه – أن رسول الله – صلى الله عليه وسلم – قال: "لن يُدخِلَ أحدًا منكم الجنةَ عملُه، قالوا: ولا أنت يا رسول الله؟ قال: ولا أنا، إلا أن يتغمدني الله برحمته".

فالرسول – عليه الصلاة والسلام – نفسه نراه متواضعًا، فمن نحن لكي نغتر؟!!

من يغتر بطاعته حتى ولو كان شيخًا، ويخطب في الناس بنبرة استعلاء، ويقول "أيها العصاة!" وأسلوبه منفر!! فمن ضمن له الجنة؟ من ضمن له قبول عمله؟

فمن رحمة المولى عزوجل، أن جعل فينا كلنا عيوبًا؛ لكي لا نستعلي على بعض.

وانظر إلى الرسول – صلى الله عليه وسلم – وتواضعه، وتعامله مع المذنبين والعصاة!!

كان في عهد الرسول – صلى الله عليه وسلم – رجل يشرب الخمر، فأتَوْا به يومًا وقد شرب خمرًا، فأمر الرسول – صلى الله عليه وسلم – بجلده، ثم مرت أيام، فشرب الرجل خمرًا، فأتَوْا به مرة أخرى فجلد، ومرّت أيام ثم أتَوْا به قد شرب أيضًا خمرًا فجلد.

فقال رجل من الصحابة "لعنة الله عليه، ما أكثرما يؤتَى به!"

فالتفت النبي – صلى الله عليه وسلم – وقد تغيّر وجهه، فقال: "لا تلعنوه، فوالله ما رأيت في قلبه غير حب لله ورسوله".

وكان لأبي حنيفة جار سكّير فاسد، نصحه حتى تعب من كثرة نصحه، فتركه.

وذات يوم طرقت الباب زوجة السكير تدعو أبا حنيفة للصلاة على زوجها بعد موته، فرفض!

وفي منامه جاءه السكير، وهو يتمشى في بساتين الجنة، ويقول: "قولوا لأبي حنيفة: الحمد لله أن لم تجعل الجنة بيده!"

ولما أفاق سأل زوجة السكّير عن حاله، فقالت: ما تعرف عنه غير أنه كان في كل جمعة يطعم أيتام الحيّ، ويمسح على رؤوسهم، ويبكي، ويقول: ادعوا لعمكم، فلعلها كانت دعوة أحدهم، فندم أبو حنيفة أشد الندم.

كل هذه النصوص الكثيرة هي دعوة لِتَقَبُّلِ بعضنا، ولنتعلم أن مَن يحاسِب ويحكم هو الله فقط، وليس البشر. فقال الله عزوجل: "لَسْتَ عَلَيْهِمْ بِمُسَيْطِرٍ إِلَّا مَنْ تَوَلَّى وَكَفَرَ فَيُعَذِّبُهُ اللَّهُ الْعَذَابَ الْأَكْبَرَ إِنَّ إِلَيْنَا إِيَابَهُمْ ثُمَّ إِنَّ عَلَيْنَا حِسَابَهُمْ"

[الغاشية: 22 – 26]

والرسول – صلى الله عليه وسلم – كان يدعو دائمًا: **"اللهم يا مقلب القلوب ثبت قلبي على دينك".**

فاحذر أن تغتر بطاعتك، أو أن تستعلي على غيرك.

فاسأل الله الهداية والقبول، فلا تدري من يكون إلى الله أقرب.

9- خدعوك فقالوا طبع

نسمع كثيرًا جملة منتشرة، ويؤمن بها الكثير من الناس، وهي "الطبع يغلب التطبع" ولكن أنا واحدة من الذين لا يؤمنون بهذه المقولة؛ لأني مؤمنة بأن من أراد تغيير شيء من صفاته، تحقق له ذلك بالفعل، في حال إصراره على التغيير.

فنجد الحبيب – صلى الله عليه وسلم – يقول: **"إنما الحلم بالتحلم، وإنما العلم بالتعلم".**

ولكننا أصبحنا نستسلم للصفات السيئة فينا، ونطلق عليها "طبع".. فالطبع هو بمثابة الشماعة التي نرمي عليها بسهولة طاقاتنا السلبية.

لكن الناس بمجرد ميلاد الطفل سرعان ما تجد الصفات تتوالى عليه "عصبي مثل أبيه"، "حركي مثل أخيه"، "عنيد مثل فلان"، ناهيك عن الأم في غضبها: "يا غبي"، "يا..."، كل هذه الصفات السيئة يكبر بها الطفل، وتتخزن في عقله الباطن، ويكون في مخيلته أن من المستحيل تغييرها.

وجاءت مقولة "الطبع يغلب التطبع" لتكون بمثابة تثبيط للهمم، فيعتقد الشخص أن التغيير صعب، بل مستحيل.

فأنا رأيت نماذج تغيرت عاداتهم، وصفاتهم السيئة، ولم يقولوا طبع، أو استسلموا لهذه المقولة، فلو كان الطبع ليس للإنسان يد فيه فلماذا نحاسَب؟!

نقول "فلان عصبي" وآخر يقول عن نفسه طبعه ساذج، كل هذا يدخل في العقل الباطن، ويخزنه.

وسأروي لكم قصة حدثت معي شخصيًّا:

بعد ولادة ابنتي (ريتال) ذهبت إلى طبيبها لموعد الكشف الدوري بعد ولادتها بشهر، وقلت له: "ابنتي شديدة العصبية فماذا أفعل"؟ نظر إليها، وقال لي: "من هذه التي تصفينها بالعصبية؟! هذه الطفلة التي لم تتعدَّ شهرًا وصفتها، وحددتِ لها طبع أنها عصبية؟!" وقال لي: إنه لا يوجد طفل عصبي، بل العصبية عندنا نحن، وأن الخلل فينا، وبالفعل كانت أول وآخر مرة أصفها بصفة سيئة.

فالأمر يعود إليكَ، هل أنتَ مقتنع أن "الطبع يغلب التطبع" أم أن "الحلم بالتحلم، والعلم بالتعلم"؟

10- احترم نفسك.. يحترمك الآخرون

الاحترام من أحب الصفات لدى الجميع، فالاحترام أساس أي علاقة.. فحب بلا احترام مهانة، لكن إذا وُجِدَ الاحترام أُتِيَ بالحب.

الاحترام يرفع قدر الإنسان، ويكون للجميع دون تفرقة بين شخص وآخر.

وهنا تساؤل.. لماذا نقول دائمًا: "احترم نفسك" ولا نقول: "احترمني"؟

والإجابة هنا؛ لأن الشخص الذى يحترم نفسه حقًّا تلقائيًا يحترم الآخرين، وتلقائيًا سيقومون باحترامه.

وهنا نجد الفرق الكبير بين من يحترم نفسه حقًّا بالفعل، وليس بالكلام فقط.

ومِن ثَمَّ سيُجبَر الآخرون على احترامه، وهناك من تجده دائمًا يردد: "أنا حر"!

فما مفهومه عن الحرية؟!

هل الحرية بضرر الغير؟!

فالحرية تكون مفيدة بعدم الضرر والإيذاء.

فخذها قاعدة: "احترم نفسك، وسيحترمك الناس".

فاحترام النفس إرضاء للذات، واحترام الآخرين هو ضمان لنجاح أي علاقة؛ فلا يوجد صداقة بلا احترام، ولا حب بدون احترام، وحتى علاقة الآباء والأمهات بأبنائهم لا بد وأن تكلل بالاحترام، وإلا لو تلاشى الاحترام من أي علاقة، فبذلك نبني شرخًا كبيرًا.

ونرى الحبيب محمدًا – صلى الله عليه وسلم – واحترامه للجميع، ولم نسمع عن إهانته لأي شخص أيًا كان.

فالاحترام هو من الأخلاق الرفيعة، ولو وُجِدَ الاحترام في أي خلاف فإنه يلغيه.

ونرى على مواقع التواصل الاجتماعي الكثير من الإهانات التي لا تدل إلا على نقص في أخلاق صاحبها.

فهيًا نرتقي جميعًا، ونتمسك بالاحترام، وأضمن لكم حياة أجمل.

فلو تعاملنا مع أي مشكلة أو خلاف (باحترام) لحلت الكثير من المشاكل.

فأحزن كثيرًا عندما أرى العلاقات الزوجية يتخللها الإهانات، وعدم الاحترام.

ومن المؤسف أن يتعرض الأبناء لأي نوع من أنواع الإهانة، رغم أن ديننا حثَّنا على احترام الجميع، فلم يُهِنَّا ربنا قط – سبحانه وتعالى – فانظروا معي عندما يموت الإنسان، أمرنا – سبحانه وتعالى – بسرعة دفنه احترامًا له، بل وتغسيله، وتعطيره، وتكفينه، إكرامًا له.

فسبحانك يا الله، الذي خلقنا ولم يُهِنَّا قط، ومن الخلق من يهين، ويذل، ويظلم، ويفضح!

فلنحترم ذاتنا، ولنرتقِ بعلاقاتنا، فالنفس تميل لمن يحترمها.
وإذا رأيت علاقة ناجحة فاعلم أن (الاحترام) أساسها.

11- سيطر على همومك، وحصّن نفسك

الهم، والحزن ضيفان ثقيلان غير مرغوب بهما في حياة الإنسان. ولا يوجد شخص خالٍ منهما قط، وسيفارقانه في الجنة حيث لا يوجد ألم، ولا حزن، ولا أي سوء.. لذلك نجد أول ما يقوله أهل الجنة: "وَقَالُوا الْحَمْدُ لِلَّهِ الَّذِي أَذْهَبَ عَنَّا الْحَزَنَ إِنَّ رَبَّنَا لَغَفُورٌ شَكُورٌ"

[فاطر: 34]

ويوجد صِنف آخر – نسأل الله ألا نكون منهم – وهم الأشقياء الذين خلت حياتهم من الإيمان، وقال الله تعالى عنهم: "وَمَنْ أَعْرَضَ عَن ذِكْرِي فَإِنَّ لَهُ مَعِيشَةً ضَنكًا وَنَحْشُرُهُ يَوْمَ الْقِيَامَةِ أَعْمَىٰ"

[طه: 124]

فعلى قدر إيمانك تكون سعادتك، وستصبح مستقرًّا نفسيًّا، وسيطمئن قلبك عند القرب من الله.

والرسول – صلى الله عليه وسلم – كان دائمًا يتعوذ من الهم والحزن، فعن أنس – رضي الله عنه – أن رسول الله – صلى الله عليه وسلم – كان كثيرًا ما يقول: **"اللهم إني أعوذ بك من الهم والحزن، وأعوذ بك من العجز والكسل، وأعوذ بك من الجبن والبخل، وأعوذ بك من غلبة الدين، وقهر الرجال".**

فعلى المؤمن دائمًا أن يتعوذ من كل ما من شأنه تدمير الصحة النفسية، إذا استسلم لها.

ولا بد أن نتعلم كيفية التعامل مع ظروفنا، وألا نستسلم لها، وأن كلًّا منّا له دور تجاه الآخر بحسب استطاعته.

قال رسول الله (صلى الله عليه وسلم): **"مثل المؤمنين في توادهم، وتراحمهم، وتعاطفهم، كمثل الجسد إذا اشتكى منه عضو تداعى له سائر الجسد بالسهر والحمى".**

فالابتلاء عندما يكون من الله باستطاعتنا التغلب عليه بالوعي، والصبر، والدعاء، والاجتهاد، ومساعدة الآخرين، حتى لو بالكلمة الطيبة التي تهون على الفرد.

فالإيمان بالله جزء لا يتجزأ من حياتنا؛ لأننا نؤمن بدور (الإله).

وبالإيمان بالله مع الوعي والاجتهاد نتغلب على الكثير من المشاكل، والهموم، فأي مطلب فيه اختياران لك، إما الاجتهاد، أو الاستسلام.

فكيف تحزن والله ربك؟ ألا تستمع للأذان، وهو يقول "الله أكبر" خمس مرات؟!! فالله أكبر من الهموم، والأحزان، والمشاكل، والمصائب، وقادر على أن يبدل حالك في ثانية.

الإيمان بالله، واليقين به هو الملاذ الوحيد من الهمّ، وطوق النجاة من الغم في هذه الحياة.

فالله بيده كل شيء، فهو مدبر الأمر بقوله للشيء: كن فيكون، فلا بد أن نتعلم أن كل شيء عنده بحكمة وبمقدار، وكل ابتلاء فيه رحمة، فهذه ليست مجرد كلمات، بل ذاق حلاوتها كل من توكل على الله، ووثق بالله، وآمن به، فمع الله لا يوجد (كيف)، قال تعالى: "وَذَا النُّونِ إِذ ذَّهَبَ مُغَاضِبًا فَظَنَّ أَن لَّن نَّقْدِرَ عَلَيْهِ فَنَادَى فِي الظُّلُمَاتِ أَن لَّا إِلَهَ إِلَّا أَنتَ سُبْحَانَكَ إِنِّي كُنتُ مِنَ الظَّالِمِينَ * فَاسْتَجَبْنَا لَهُ وَنَجَّيْنَاهُ مِنَ الْغَمِّ وَكَذَلِكَ نُنجِي الْمُؤْمِنِينَ".

[الأنبياء: 87 – 88]

فلو كنت مع الله فاعلم، وتأكد، وثق أن النور سيأتيك مهما طال الظلام.

فلا بد أن تتعلم كيفية مواجهة الهموم والأحزان، فالمؤمن أمره كله خير، ولا تظن أنه يوجد شخص خالٍ من الآلام، لكن يوجد شخص ارتاح، واطمأن قلبه بوجود الله معه.

فنرى أثر البعد عن الله في الكثير من النماذج؛ فنرى المشاهير والأثرياء ينهون حياتهم بالانتحار.. أمثال مارلين مونرو، مايكل جاكسون، الفيس بريسلي...و غيرهم الكثير.

ألم تسأل نفسك: ما الذي يدفع هؤلاء للتخلص من حياتهم، على الرغم من تملكهم لكافة الملذات في نظر الكثير؟!! فأغلبهم يشتركون في

الغِنَى الفاحش، قمة الشهرة، الجمال.. فما الذي يدفع بهم للانتحار، والتنازل عن كل هذا؟!

وهناك من يطلب المال، ولو معه مرض مثلًا، وعندما يمتلك المال يعرف جيدًا أنه لا قيمة له في مقابل نعمة مثل الصحة.

إنه البعد عن الله (إنها الفطرة التي تبحث عن خالقها).

فمن فقد الله ماذا وجد؟!

انظر جيدًا إلى هذه النماذج، وستعرف أن قربك من الله إذا وجدته ملكت كل شيء.

حتى أغلب الكوميديانات، لو قرأت قصص حياتهم ستجد الحزن يتخللها، ومليئة بالمآسي، فالعبرة بما يظهره الإنسان، فربما الوجه يضحك، والقلب مهموم، وليست العبرة بالظاهر، ونحن في زمن السعيد، والراضي، والمتفائل، تجد الناس تعمل عليه إحصائيات، وتتساءل، هل يعيش معنا في هذه الحياة؟ فأصبح مثلًا الزوجان السعيدان ظاهرة يتأملون فيها، والإنسان المتفائل يتعاملون معه كأنه من كوكب آخر، وكل هذا سببه الانخراط في الحياة بدون وعي، وإهمال الدين، والانشغال بإرضاء الناس والمجتمع على حساب راحتنا.

فهل تختار الحياة الطيبة، أم العيشة الضنك؟!

12- حياتك قرارك

حياتك قرارك.. فأنت الذي تحدد، وتقرر.

نعم هناك مؤثرات خارجية، قد تكون من الأهل، أو المحيطين، أو غيرهم، لكن عليك ألا تهتم بالمؤثرات، فأنت الذي تنجح وتفشل، وأنت أيضًا الذي تحاسَب وحدك، وتُبعَث وحدك.

و يقول الله تبارك وتعالى: "وَكُلُّهُمْ آتِيهِ يَوْمَ الْقِيَامَةِ فَرْدًا"

[مريم: 95]

فعليك أن تركز في نفسك.

خطط، اسعَ، احلم، طور من نفسك، تعلّم، استعن بالله، وكل زرع لا بد أن يُحصَد.

وهنا يتبادر إلى ذهننا تساؤل، ألا وهو إذا كانت حياتي قراري، فلماذا أرى الناس مستسلمين، لو كانت حياتي قراري فماذا عن القدر؟!

وهنا أقول لك: أنت عليك السعي والدعاء، وفي النهاية قدَر الله سوف ينفذ، ويحمل معه كل الخير..

ليس الدعاء فقط، وليس السعي فقط.. فالدعاء بدون سعي هو التواكل، وسيؤدي حتمًا إلى الفشل، ونرى في حياتنا للأسف الكثير من هذا النموذج، والسعي بدون دعاء لا بركة فيه، فهو العرج.

والدليل على كلامي هذا قول الله تعالى:

"مَنْ عَمِلَ صَالِحًا مِّن ذَكَرٍ أَوْ أُنثَىٰ وَهُوَ مُؤْمِنٌ فَلَنُحْيِيَنَّهُ حَيَاةً طَيِّبَةً ۖ وَلَنَجْزِيَنَّهُمْ أَجْرَهُم بِأَحْسَنِ مَا كَانُوا يَعْمَلُونَ"

[النحل: 97]

تمعنوا جيدًا في هذه الآية، فهنا وعْد من الله تعالى لمن يعمل صالحًا (سعي) + (إيمان بالله)، وهذا رد لمن يعلق شماعة الفشل على التواكل، ويقول: قدر.

فعلينا بالسعي دائمًا لتحسين حياتنا مع الدعاء، ولا نستسلم أبدًا، فمعك رب العالمين بقوله للشيء: كن فيكون، ومدبّر الأمر، وكل أمر المؤمن خير.

ركّز على إيجابياتك..

وإليكم هذه القصة المعبرة التي قرأتها من قبل:

ذات صباح، وصل الموظفون في إحدى الشركات؛ ليجدوا لافتة على باب الشركة تقول:

"لقد تُوُفِّيَ الشخص الذي كان يعوق تقدمكم في الشركة، يُرجى الحضور إلى الجنازة في حجرة الاجتماع الكبرى".

بدأ الموظفون – وقد اعترتهم الدهشة – في الذهاب إلى القاعة، وإلقاء نظرة الوداع على الراحل، ويتساءلون في دهشة: من يكون؟

وواحد تلو الآخر، نظر الموظفون في الكفن، فوجدوا مرآةً تعكس وجوههم وهم يحدقون داخل الكفن، وبجوار الكفن كانت هناك لافتة مكتوب عليها:

"هناك شخص واحد فقط بمقدوره أن يضع قيودًا حول أدائك، إنه أنت!".

هذا صحيح، الأمر كله يعود إليك، فأنت فقط من يمكنه إحداث تغيير كبير في حياتك، وأنت فقط من يقرر البحث عن السعادة، والتقدم، والنجاح، والراحة.

فحياتك لا تتغير بتغيّر الظروف، ولكن تتغير عندما تتغير نظرتك في التعامل مع الظروف، وتخطي المعتقدات، والعادات التي من شأنها عرقلتك، وعندما تؤمن أنك أنت الوحيد الذي من شأنه أن يغيّر حياته للأفضل.

والدليل قول الله تبارك وتعالى:

"مَّنْ عَمِلَ صَالِحًا فَلِنَفْسِهِ ۖ وَمَنْ أَسَاءَ فَعَلَيْهَا ۗ وَمَا رَبُّكَ بِظَلَّامٍ لِّلْعَبِيدِ"

فأغلب مشاكلنا هي بسبب تأثرنا بآراء الآخرين، وكلامهم المؤثر فينا بالسلب. لذلك، دعك من الآخرين، فرأيهم لهم وليس لك.

13- التصنيف والتقديس

ما أكثر التصنيفات في زمننا هذا! فإذا تعاملت مع شخص لن يهدأ له بال حتى يضعك تحت بند (خانة).. لا بد وأن يصنفك.

وإذا كنت متابعًا لـ Social Media فسوف تجد هذه الظاهرة، وبشدة، فإذا أبديت رأيك في أمرٍ ما، سرعان ما تدخل تحت تصنيف معين!!

ومن هنا تولدت الأحزاب، والتيارات، والاتجاهات، فلا تستطيع حصرهم.

الأساس أنك تسمع لرأي الآخر، وعقلك يحلل كلامه، ولك كل الحق في قبول آرائه أو رفضها.

لكن سياسة القطيع المنتشرة وبشدة طمست هذا، وفكرك أصبح مسجونًا.. لا رأي لك!

خاصة وأن مجتمعاتنا العربية تستنكر الفكر خارج الصندوق، وأن لكل شخص فكره الخاص، فأصابعنا خُلِقَتْ مختلفة، فكل مِنَّا نشأ في ظروف، ومحيط مختلف عن الآخر.

ونأتي إلى ظاهرة أخرى، وهى التقديس، فلو قابلت أو سمعت عن الشخص ذي الخبرة الواسعة، أو النجاح المبهر، فسرعان ما تضعه تحت قالب الإله الذي لا يخطئ، وتضعه في مكانة وكأنه الرسول الذي لا ينطق عن الهوى، ويسير الناس وراءه كالقطيع!!

فهذه الظاهرة تتبع الأولى، فالكثير يسير لإرضاء الناس، وتتبع كل أفكاره بلا أي تحليل، فتجد هؤلاء عندما تناقشهم يستند لآراء الدكتور فلان، وخاصة في الآونة الأخيرة في مصر؛ نظرًا لما شهدته مصر من تغيير في المناخ السياسي، وظهور الكثير من الشخصيات على الساحة!!

كذلك في الخطاب الديني تجد كل فئة تنتمي لدكتور أو شيخ متشددين لآرائه، مكونين فِرَقًا وأحزابًا، رافضين أن يتقبلوا غيرهم، فمِن أين أتوا بهذا المنهج الغريب؟!

بالطبع أنا لا أقلل من شأن العلماء والمشايخ، لكن لا بد وأن نعلم أنهم بشر، لا يجب أن نضعهم في خانة التقديس، فالرسول – صلى الله عليه وسلم – حثّنا على عدم المبالغة، ورفض التنطع.

فلنعتدل، ورجاءً حكم عقلك، استخدمه، كون رأيًا.. رأيك أنت.. مِن عقلك أنت!

اجتهد في التفكير، واحترم الرأي الآخر، ولا للتصنيف، ولا للتقديس.

14- ثقافة الحوار

الحوار مظهر حضاري، وهو يصل بعقلنا إلى مستوى أفضل. فهناك نوعان من الحوار:

1- حوار يكون مع النفس، للأسف الكثير يتغافل عنه، على الرغم أن الحوار مع النفس من شأنه أن يصل بالشخص إلى حالة الاطمئنان، لكن الكثير يفضل الهروب.

2- الحوار الذي يتم بين الأفراد، يطرح وجهات النظر، والحوار بالطبع له آداب وقواعد، ونرى تشويه الحوار بين الأشخاص بعضهم البعض. فأصبحت حربًا لا حوارًا.

الكل يريد أن يثبت رأيه، وقناعته، وفكره على الآخر، دون التقيد بآداب الحديث، فالحوار من شأنه أن يضيف لطرفيه، وهو يغذّي العقل، لكن أصبح اتجاهًا لفرض وجهة النظر.

فالحواري الجيد هو من يتقبل الرأي والرأي الآخر، فكل واحد يضيف للآخر، ليس الهدف أن نتفق، لكن يظل الاحترام شرطًا.

فالحوار احترام لعقل الآخر دون التقليل منه.

فنرى الرسول – صلى الله عليه وسلم – في سيرته ورقي حواره حتى مع الأطفال؛ لذلك كان الكل يحب الحديث معه، فلم نسمع قط عن تقليله لأي شخص على الرغم من أنه النبي.

فالحوار ثقافة، يجهلها البعض للأسف، مما أدى إلى انتشار الجدل!

أسس الحوار:

1) الحوار الجيد الذي يتخلله "الديموقراطية" في النقاش مستبعدين تمامًا فرض الرأي.

2) "اللين" في التعبير، مستبعدين تمامًا العنصرية.

3) مراعاة آداب الحوار والنقاش، فلا بد من "الاستماع، والإصغاء".

4) "احترام اختلاف وجهات النظر"، فالاختلاف في الرأي لا يفسد للود قضية، فمن الطبيعي أن نختلف، فكل مِنَّا يكمل الآخر.

وأخيرًا، لا حياة بدون حوار، فالحياة المبنية على قرارات فقط بدون حوار هي أول طريق الفشل.

يقول غاندي: "الاختلاف في الرأي ينبغي ألا يؤدي إلى العداء، وإلا لكنت أنا وزوجتي من ألد الأعداء".

فلا رُقي، ولا تحضُّر بدون حوار.

15- حقيقة المناسبات

ما أكثر المناسبات في زماننا هذا! فكل يوم يظهر لك مناسبة جديدة للاحتفال بها.. الغريب في الموضوع أن المناسبات تتزايد، والاحتفالات في تزايد، ولكن تجد الناس غير سعداء، تجد المناسبات والاحتفالات بلا روح، وبلا مشاعر..

فهل بكثرة المناسبات والاحتفالات تقاس السعادة؟! وما سر هذه المناسبات الدخيلة علينا التي لا تعبر عن أي سعادة؟ بل وطقوسها؟ ما هو إلا استخفاف....

فنجد Halloween day - Pyjama day وأخرى من الاحتفالات الغريبة التي ليس لها أي مغزى.

بالطبع أنا أحب الفرحة، وأشجع الاحتفال بأي نجاح، أو مناسبة سعيدة.

لكن هل أصبح الناس حقًّا لديهم مشاعر في أي مناسبة؟ أم تحولت المناسبات لروتين؟!

فأنا أعتقد أن يوم الأم مثلًا هو اختبار لمدى بِرّك بوالديك.. يوم ميلادك هو مراجعة لما قدمته لحياتك.. يوم ذكرى الزواج هو مقياس لمدى نجاح الزوجين في إشباع بعضهما البعض.

فللأسف نحن في تزايد للمناسبات، لكن هناك نقصان وفتور في مشاعرنا.

لست إطلاقًا ضد مظاهر الفرحة، ولكن السؤال: هل حقًّا الاحتفال يصحبه فرحة؟! نحتاج أن نفهم معنى المناسبة، فكل مناسبة تكون بمثابة اختبار، لكن أن تجد يوم أم والابن عاق، فكيف هذا؟!

وأكرر أنا لست ضد المناسبات طالما لها مغزى وفائدة، وهي أن تجلب لنا السعادة، ونكون حقًّا لدينا مشاعر نحتفل بها.

فالمناسبة وُجِدَتْ لإظهار مشاعرنا. لكن المناسبات تزداد، وعلاقتنا تقل.

16- النعمة التي لا يجب أن تشوّه

أعطانا الله نعمة عظيمة؛ لتهوّن علينا مصاعب الحياة، ولكن رأينا مؤخرًا تشوهات كثيرة جدًّا في العلاقات الزوجية!! وذلك لعدم الوعي بحجم هذه النعمة، ولجهلنا بكيفية التعامل، والتركيز مع المجتمع، وعاهاته، وغياب القدوة.

الأساس:

قال تعالى: "وَمِنْ آيَاتِهِ أَنْ خَلَقَ لَكُم مِّنْ أَنفُسِكُمْ أَزْوَاجًا لِّتَسْكُنُوا إِلَيْهَا وَجَعَلَ بَيْنَكُم مَّوَدَّةً وَرَحْمَةً ۚ إِنَّ فِي ذَٰلِكَ لَآيَاتٍ لِّقَوْمٍ يَتَفَكَّرُونَ" [الروم: 21]

فأعظم مفهوم للعلاقة الزوجية نجده في هذه الآية. فالزواج نعمة من نعم الله علينا. وَضَعَ الله لنا أُسُسًا للسير عليها، وهي المودة، والرحمة، والسكن، فهما أساس العلاقة. وعندما غابوا في زمننا هذا انتشر الطلاق، والصراعات بين الأزواج؛ لأنهم ابتعدوا عن هذا

الأساس، وعلى الزوجين معرفة أن الشيطان أكبر عدو لهذه العلاقة، ويسعى دائمًا إلى تخريبها؛ لأن الإبعاد بين الزوجين هو أقصى غاياته، فكلما ابتعدنا عن الأساس تشوهت العلاقة، ودُمِّرَ المعنى، ونشبت الخلافات.. فالزواج يعني المودة، والرحمة، والسكن، إنها نظرة شمولية لهذه العلاقة، ولا يستمتع بهذه النعم العظيمة إلا مَن تَفَكَّرَ وطَبَّقَ الأساس، فهنيئًا لهم، ومَن سَلَّمَ أذنيه للزواج حسب المنبع، أو الأعراف، أو العادات، دون وعي، فلا يَلُومن إلا نفسه، والله تعالى يقول: "إِنَّ فِي ذَٰلِكَ لَآيَاتٍ لِّقَوْمٍ يَتَفَكَّرُونَ "

[الروم: 21]

وقال رسول الله (صلى الله عليه وسلم): "تنكح المرأة لأربع؛ لمالها، ولحسبها، ولجمالها، ولدينها، فاظفر بذات الدين تربت يداك".

فكل شخص له مقصد من الزواج، وله مطلق الحرية في الاختيار، وعليه تحمل مسئولية اختياره، فالحديث يوضح مقاصد الناس في الزواج، وللشخص أن يختار مقصده بشرط تقوى الله، فكل شخص يبحث عما يريده في الزواج، فهناك من يبحث عن المال، وغيره من يبحث عن الحسب، ولكن الحديث يوضح أن كل هؤلاء اختياراتهم تخلو من الأساس السليم، وأنَّ مَن يبحث عن ذات الدين التي تتقي الله فيه هو حقًّا مَن فاز، فالزواج حياة، ولا بد على الإنسان أن يحسن الاختيار لمن تشاركه حياته.

انتشار الطلاق:

انتشر مؤخرًا في زمننا هذا الطلاق بشكل مريع، فمِن قبل كان الطلاق ظاهرة غريبة، وشيئًا شاذًا (بالطبع هو حق أقَرَّبه الدين)، لكن في يومنا هذا انتشر الطلاق في الكثير من البيوت.. ولا أبالغ عندما أقول: إنه لا يوجد شخص إلا وشهد حالات انفصال..

بالطبع أدرك تمامًا أن لكل شخص شأنه، ولكن لا بد أن نبحث عن سبب انتشار الطلاق، لماذا انتشر هكذا؟! لماذا تدهور حال الكثير من الأسر؟!

فهناك عدة أسباب أدت إلى حدوث خلل في مفهوم الزواج، ومن أهمها:

1) غياب الأساس.

2) الأنانية (الأنا).

3) العند.

4) الزواج بلا هدف، والسير كالقطيع، فالمفهوم الخاطئ أن على الإنسان الزواج بعد بلوغه سنًّا معينة – وغالبًا بعد المرحلة الجامعية – فينبغي أن نهتم بمَن نتزوج، لا متى سنتزوج.

5) غياب الوعي، وعدم معرفة كل طرف بالحقوق والواجبات، والتقصير في فهم نفسية الآخر.

6) اتباع العادات، والتقاليد، والبعد عن الدين.

7) مشكلة التعميم.. فهناك الكثير مَن لديه قناعات موروثة عن المرأة بشكل عام، والرجل بشكل عام، والنصائح المتبعة والشائعة،

دون اعتبار أن كل شخص مختلف عن الآخر، فليس كل رجل مثل الآخر، وليست كل امرأة مثل الأخرى، فكل منا مختلف عن الآخر.

8) غياب القدوة، وظهور الإعلام الهدام للقيم والقيمة.

فظهور الإعلام للعلاقات الزوجية المليئة بالشك والخيانة، والتركيز على الأفكار الهدامة، بدلًا مِن أن يكون له دور في الإصلاح وإبراز الإيجابيات؛ ليكون أداة تعليم وتقدم، بدلًا من إهدار القيم.

9) الجهل، وليست الشهادة الجامعية في المقياس.

فللأسف كل هذه الأسباب من شأنها هدم مفهوم الزواج، وتكوين أسرة على أساس سليم، فالله تبارك وتعالى يقول: "وَكُلُّهُمْ آتِيهِ يَوْمَ الْقِيَامَةِ فَرْدًا"

[مريم: 95]

فعليك أن تعرف هدفك من الزواج، وأن تبحث عن الأساس السليم، وأن العلاقة الناجحة هي التي تقوم على تقوى الله، والتي يكون مرجعها الدين السمح، لا للعادات، ولا للتقاليد، ولا أن أُسَلِّم أذني (للمفاهيم الخاطئة والدارجة)، وأن كل شخص يفهم الآخر، وأن يفكر دائمًا في العطاء، والبعد عن الأنانية، فكلنا سنُسأل أمام الله، وما توصلنا إليه من تعاسة هو نتاج جهل، وتقصير، ومفاهيم مشوهة، وقرارات خاطئة.

وللأسف هناك ثمرة هي مَن تدفع الثمن، ففشل العلاقات الأسرية هي بمثابة فاتورة لا يدفع ثمنها سوى الأبناء، النعمة التي وهبها لنا الله لكي نستثمرها، ونحسن إليها، والأبناء كل مطلبهم في الحياة هو الاستقرار

الأسري، فهم رأس مال الأم والأب، وهم أكبر استثمار، فلا تتعجب إذا رأيت مظاهر التشوه النفسي لديهم، فهم أمانة ستُسأل عنها أمام الله، وهم جاءوا إلى الدنيا لنسعدهم، وننشئهم نشأة صحية وسليمة، فعلينا أن نبنيهم لا أن نهدمهم، وذلك بإصلاح أنفسنا أولًا؛ لنكون لهم قدوة.

عندما نأتي إلى خطوة مهمة وفارقة في حياتنا كالزواج، علينا أن نستعد أولًا لهذه الخطوة، ونفهم جيدًا ما لنا من حقوق، وما علينا من واجبات، فعندما نريد أن نشتري سيارة، فما نفعله أولًا هو أن نعرف إمكانياتها، ونبحث عن أفضل سيارة لكي تريحنا، وبعدها أول شيء نفعله هو تعلم القيادة، ولإثبات ذلك فهناك رخصة تثبت أننا أصبحنا قادرين على تحمل مسئولية القيادة، وكذلك لبناء مبنى هناك رخصة له، وعند تخرجنا من الجامعة نأخذ شهادة بأننا أصبحنا مؤهلين ودارسين، فما بالك بالزواج!! ألا يجب أن نؤهل أنفسنا، وأن ننمي أنفسنا للإقبال على هذه الخطوة التي من شأنها أن تسعدنا أو تشقينا؛ لنتفادى قدر المستطاع حدوث الانفصال.

نماذج لزواج ناجح:

1) معرفة الهدف من الزواج + السعي لهذا الهدف.

فالزواج مثل الزرعة إذا أهملناها، ولم نسقها باستمرار ستذبل وتموت، وإذا اعتنينا بها شاهدنا أثر جمالها في حياتنا.

2) الاحترام، والمودة، والرحمة، هم الأساس القوي للعلاقة الناجحة.

3) الإيمان بالله في كافة أمور الحياة. فنرى جميعًا القلق والتوتر يسكن الكثير من البيوت.

4) مصدركم الدين، لا الناس، لا العادات، ولا التقاليد.

5) القراءة والاطلاع لفهم ثقافة التعامل، والسعي لفهم النفسيات.

6) الحل الأمثل هو الحوار والتفاهم، فبهما تقل المشاكل.

7) التشجيع، وتجنب النقد الهدام.

8) اللين، فما دخل اللين في شيء إلا زانه.

9) البعد عن الروتين، والملل، فالتجديد مطلوب لوجود الشغف.

10) العطاء، والبعد عن الأنانية.

17- أمانة التربية

لن أتحدث عن التربية بالشكل المعتاد، وأقول: إن كل أب وأم مسئول، وهذا الكلام المعروف، ولكن سأذكر الكنز الثمين، والأمانة التي يحملها كل أب وأم، فالطفل يولد صفحة بيضاء، ثم تُملأَ، الطفل منذ الولادة يمر بمراحل، والأب والأم مسئولياتهم لا تنتهي؛ لذلك تتطلب الوعي.

والتربية بالحب نتائجها رائعة، ولو تخللها اللين والصبر لأثمرت الخير الكثير، فالإحساس ثم الأساس.

كان هناك طفل أصم في الرابعة من عمره، وقد رجع إلى المنزل، ومعه رسالة من معلمته تقول فيها للأم: إن ابنها لا يفهم، ولا يستحق أن يكون من تلاميذ المدرسة! فكل ما فعلته الأم أنها وثقت بابنها إلى أن عرفه الجميع. هذا الطفل هو "توماس أديسون".

فكم من الضغط الذي يمارس مع الأطفال متأثرين بكلام الآخرين!! حقًّا، إن دور الأب والأم عظيم في حياة أبنائهم.

و إليكم قصة تعبر عن النموذج السلبي: قصة تتحدث عن فيل في الهند، وهذا الفيل ضخم، ومربوط برجله حبل رفيع، فقام أحد الأشخاص بسؤال صاحبه: "من يضع للفيل الطعام؟" ألمْ تخشَ هروب ذلك الفيل؟" فرد قائلًا: إنه من المستحيل هروبه، وأشار إلى فيل آخر مربوط بسلسلة حديدية، فقال الشخص: "أتربطون الصغير بالحديد، والكبير بحبل رفيع؟!"، فشرح له أن الفيل الصغير يحاول المقاومة، وفك الحديد، وسيظل هكذا إلى أن يكبر، ويربطونه بالحبل الرفيع بعد أن يكون القيد الحقيقي موجود في عقله..

فاحذر أيها المربّي من أن تضع القيود في العقل منذ الصغر.

وكم من شخص ينسب ما فيه بسبب الأهل، نعم، الأهل هم مَن يزرعون، مَن يؤسسون، ولكن الله أعطاك عقلًا، لو كل شخص ألقى اللوم على الأهل، فلن نرى ارتقاءً ولا تقدمًا.

فأنا أطالب الأهل أن يدركوا حجم النعمة والمسئولية، وأن يحسنوا إليهما، وأيضًا أخاطب الأبناء بأن الأهل ليسوا معصومين، فهم اجتهدوا، فلتكمل أنت..

لو كل شخص وضع اللوم على الأهل في حالة التقصير، فسيفقد كثيرًا، ولا شك أن الأم والأب إن حدث منهما خطأ أو تقصير فهو بدون قصد، وأنهما يسعيان لتقديم كل ما في وسعهما، فما قَصَّرَا فيه فلتكمله أنت مع أولادك، فلنأخذ منهما الحسن، ولنتعلم من أخطائهما.

18- قصص نجاح رغم الصعوبات

في هذا الموضوع لا أتكلم عن لذة النجاح، ولا كيفية الوصول إليه، ولكن سوف أكتفي بذكر بعض القصص الحقيقية من بين الكثير والكثير، فهذه القصص ستكون رسالة إلى كل من يرى النجاح مستحيلًا، أو إلى أي شخص، أو محبط، أو من يرى ظروفه تشكّل عائقًا أمامه.

هناك شخص عانى من إعاقة في لسانه، وهذه الإعاقة جعلته شخصًا منطويًا، ويخشى لقاء الناس، توفي والده، وترك له ثروة طائلة تجعل منه شخصًا ثريًا، وكان عمره سبعة عشر عامًا، أخذ عهدًا على نفسه أن يتقن، واجتهد، ومَن جد وجد، وأصبح خطيب زمانه. وماذا كنت تعتقد؟! أن هذه القصة خيالية، فلا تعجب عندما تعرف أنها قصة حياة "ديموسين Demosthènes" الخطيب الإغريقي الشهير.

أعلم أن صنفًا آخر من الناس سوف يقول: هو اجتهد في زمن ليس بزماننا، العجيب أنه اجتهد في زمن آخر، وسوف أرد بمثال ونموذج: هي امرأة "أضوى الدخيل"، أنا أتابعها شخصيًّا، وتأثرت بها كثيرًا، رغم أنها

لم تتعد الخامسة والعشرين من عمرها، إنها كابتن طيار، وحصلت على مرتبة الشرف في دراستها، واستطاعت أن تصل إلى "المستوى العالمي في التميز"، ولقد تابعتها أيضًا عندما ذهبت إلى ميانمار، والمساعدات الإنسانية التي قدمتها، واستطاعت أن تحقق ثروة، رغم أنها بدأت في سن صغيرة جدًّا، إلا إنها تقدر قيمة الحياة، ولا تخلو حياتها من الجانب الإنساني، وتقدم الكثير والكثير لغيرها، ووضع اسمها في قائمة الأشخاص الأكثر نجاحًا في العالم.

وعلى الرغم من أنها عاشت طفولة أليمة، فمنذ صغرها إلى سن الحادية عشرة كانت تواجه مشاكل في عملية النطق، وانفصال والديها، ولم تَرَ والدتها في صغرها، وعانت معاناة كبيرة، حتى أنها تعرضت للتنمر، والسخرية بسبب صعوبة النطق، فقررت، وأصبحت فخرًا لوالديها، وبرها بوالدها يظهر في كل لقاء لها. فأي عائق تتكلم عنه؟!

إنه قانون رباني، فأنت تتعامل مع العدل، اعلم أنه الرحيم، واعلم أن لكل مجتهد نصيبًا، وأن مَن جد وجد.

اسعَ، واجتهد، ومعك أكبر قوة، وكل ناجح قرأت عنه هو إنسان واجه الصعوبات والتحديات، ولكن باجتهادك، ووعيك، وإصرارك، وثقتك برب العالمين.

19- لن تنالوا البر حتى تنفقوا مما تحبون

يقول الله تبارك وتعالى: ﴿لَن تَنَالُوا الْبِرَّ حَتَّىٰ تُنفِقُوا مِمَّا تُحِبُّونَ وَمَا تُنفِقُوا مِن شَيْءٍ فَإِنَّ اللَّهَ بِهِ عَلِيمٌ ۝٩٢﴾

[آل عمران: 92]

وسأوضّح مفهوم هذه الآية من خلال مجموعة قصص حقيقية معبرة، قرأتها من قبل للكاتب أحمد مهنا، وسأقوم بسردها كما كتبها هو، وقد سمح لي بنشرها..

• القصة الأولى:

كنت بعمل عُمرة ساعة ما كلمني الراجل الهندي العجوز، وفهمنا بعض وأنا مبتكلمش هندي وهو مبيتكلمش عربي. كان بقالي ٤ أيام نفسي أوصل للروضة ما بين منبر النبي وقبره. ٤ أيام ومن الزحمة مش عارف. كل يوم أروح بعد صلاة الفجر والظهر والعصر والمغرب والعشاء ومعرفش أدخل. زحمة رهيبة من كل الجنسيات. ناس لا هعرف أتفاهم معاهم، ولا هعرف أشرحلهم إني بقالي ٤ أيام بحاول ومش عارف، وإني باقي لي في المدينة يوم واحد ونفسي أدخل الروضة. كلهم نفسهم يدخلوا وكلهم مستنيين. ناس كتير مشتاقة فعلاً لركعتين في المكان ده تحديدًا، وقاطعين بلاد وسفر عشان ييجوا هنا. في اليوم الخامس قدرت أوصل وكان قدامي راجل هندي عجوز واقف مستني زيي، وأول ما فضي مكان قدامي بصلي الراجل الهندي وقاللي كلام مفهمتش معناه نهائي لكنه كان باين إنه بيتوسل أنه يصلي ركعتين فقلتله بالعربي هسيبلك مكاني. والعجيب إني الراجل ابتسم، وصلى ركعتين وكأنه فهمني، مع إني الأكيد إنه مش بيعرف عربي؛ لأنه أول ما كلمني ما كانش عارف يفهمني هو عاوز إيه. صلى وقعد ومسابليش المكان، كان أحب حاجة لقلبي ساعتها إني أصلي ركعتين والراجل دا قاعد مكاني اللي وصلت له بعد خمس أيام، حاولت أخليه يقوم لكنه بصلي وعينيه مليانة دموع وفضل يقول كلام ما فهمتوش. قبلها بكام يوم كنت بقرأ قرآن واستوقفتني آية "لن تنالوا البر حتى تنفقوا مما تحبون". في اللحظة دي كان أحب شيء ليّا

ممكن أنفق منه إني أسيبله مكاني لأني حسيت إني دي فرصته الأخيرة في الزيارة، راجل عجوز، شعره أبيض، واضح إنه فقير، والسفر لهنا تاني جايز يكون مستحيل.. أنا شاب في بداية عمري وأقدر آجي تاني، سِبت له مكاني واستنيت، قلت لنفسي "لن تنالوا البر حتى تنفقوا مما تحبون". بعد شوية وأنا منتظر أي مكان يفضى لقيت مكان وصليت، شوية كمان وبدأت أماكن تفضى، فبدأت أقرب من السور اللي فيه قبر النبي أو بيته سابقًا، شوية كمان أماكن تانية فضيت، قربت أكتر، فضلت أقرب لحد ما وصلت للسور، قعدت وسندت ضهري على السور، وقعدت أردد "لن تنالوا البر حتى تنفقوا مما تحبون" وكانت لحد دلوقتي هي أعظم لحظة عدت عليّا، بعد شوية لقيت الراجل العجوز ده بيعدي وبيشق الصفوف من بعيد جدًا وجاي عليّا، معرفش لمحني إزاي، جه لحد عندي وسلم عليّا جامد، وقال لي: "سأقابلك في الجنة"، قالها بلغة عربية مكسرة زي ما يكون حد حفظهاله، سلم عليّا وحضنَنّي ومشي، وهو عينيه مبتبطلش دموع..

لو فيه حد قاللي: إني موقف زي ده ممكن أعدي عليه أو أشوفه في فيلم ماكنتش هصدقه، الموقف هزني، ولحد النهارده مش قادر أنسى الراجل ده تحديدًا "لن تنالوا البر حتى تنفقوا مما تحبون".

• القصة الثانية:

في الفندق كان فيه ساعة واحدة فاضية ينفع أقعد فيها مع نفسي، ساعة بعد صلاة المغرب ولحد العشاء، ساعة واحدة بس أقدر أشرب فيها شاي أو قهوة، وادخل على النت أكلم أهلي وأصحابي وأتابع شغلي، ساعة واحدة بتواصل فيها مع الناس لأني بقية الوقت بكون مشغول أو هما مشغولين. في الساعة دي وفي أول يوم جاني شخص من الجزائر، كلمني بالفرنسي، ولما لقاني مش بعرف أكلمه كلمني عربي مكسر، وكان عاوزني أشغله فايبر أو واتس آب على الموبايل، قعدت نص ساعة أحمل له في البرامج وأحاول أشغلها، وأعلمه يشتغل عليها إزاي، نص ساعة ما بين محمول لغته فرنسي وراجل بيتكلم نص عربي ونص فرنسي، وأنا الوقت بيطاردني، لو حد سألني: إيه أحب حاجة لقلبي ساعتها؟ فهقوله: كل دقيقة بتفوت من النص ساعة دول، في لحظة كنت بدأت أتعصب وهبدأ أقول للراجل ده مليش دعوة، أو مش عارف، افتكرت الآية "لن تنالوا البر حتى تنفقوا مما تحبون" اتنهدت ومابقتش عارف أعمل إيه، كان فيه اتنين جزائريين بيقعدوا جنبي في كافيه الفندق كل يوم، خدت الراجل وروحتلهم قولتلهم: أنتم بتعرفوا فرنسي؟ ساعدوا أخوكم ده من فضلكم، قعدت جنبهم ١٠ دقايق كمان، كلنا مانعرفش بعض، كل حاجة اشتغلت، سيبتهم ومشيت، بعدها كل يوم فى الحرم هقابلهم، الراجل ده هيبقى صاحبهم جدًا، وهيتلموا على بعض، وكل ما يشوفني في الحرم هياخدني بالحضن، ويدعيلي، ويبتسم ابتسامة

عريضة مبشرة، لأول مرة هناك وأنا لوحدي أحس إنى مش لوحدي، وإنى بقى معايا أصحاب بيتكلموا فرنسي، بس فيه بيننا عِشرة "لن تنالوا البرِّ حتى تنفقوا مما تحبون".

بعد يوم الراجل الهندي بيوم كنت في مكة، عملت العمرة، وبالليل رايح أصلي القيام، الحرم مافيهوش مكان تتنفس، قفلوا كل بوابات الحرم، ومبقاش فى مكان غير خارج الحرم، فضلت أدَوَّر على أي مكان أصلي فيه،

ولمحت مكان كويس بعيد، الدنيا كانت حرّ جدًّا، المكان تحت مروحة، وأنا بجري عشان ألحق أصلي، وقفتني ست معرفش لغتها، ومعرفش جنسيتها، تديني موبايل قديم وتقوللي: محمد سلطان، وتشاورلي على الموبايل، أحاول أفهم منها أي حاجة مش عارف، كل تركيزي وعيني على المكان اللي هيضيع في ثانية، أفتكر الآية "لن تنالوا البر حتى تنفقوا مما تحبون" أقول لنفسي: أحب حاجة لقلبك دلوقتي إنك تصلي في المكان ده، بس الست ممكن تبقى تايهة وبتحاول توصل لحد، أفهم منها إنها عاوزة تتصل بمحمد سلطان، أدَوَّر في الأرقام على الاسم ده، كل الأسامي بحروف أجنبية عليها علامات عجيبة، في وسط كل الأرقام ألاقي محمد سلطان بالعربي، أطلب لها محمد سلطان، الأذان يؤذن، المكان يروح مِنِّي وكل الأماكن تروح، الست توَطِّى تبوس إيدي وتدعيلي بدعوة معرفش معناها، أجري أدَوَّر على مكان ملاقيش، أكره نفسي وأكره اللحظة اللي وافقت فيها أقف للست أتصل بالتليفون، فجأة الصلاة تبدأ، فبعد ما تبدأ يفتحوا بوابات الحرم، أدخل أفضل أدور على مكان لحد ملاقي مكان قدام الكعبة، أقول لنفسي: كان زماني

بصلي تحت المروحة بس على الرصيف بعيد عن الكعبة ييجي نص كيلو متر، "لن تنالوا البر حتى تنفقوا مما تحبون".

• القصة الرابعة:

وأنا راجع من العمرة آخر يوم خلاص تكون كل فلوسي خلصت، مش باقي معايا غير تمن العربية اللي هتوصلني المطار والفيزا، أنزل أشتري سحور بالفيزا فملاقيش حد بيبيع بالفيزا، كنت شايل تَمَن قارورة مية زمزم هجيبها من المطار، أقرر إني مش هتسحر عشان ما أصرفش فلوس قارورة مية زمزم عشان أمي موصيانى أجيبها، وأنا راجع الفندق توقفني ست غلبانة من اليمن غالبًا تقولى: إنها عاوزة تتسحر، أقول لنفسي: إني أحب حاجة لقلبى هو إني أجيب لأمي مية زمزم، بس الست دي عاوزة تتسحر، أدخل أجيب لها سحور من مطعم فلاقى عرض، كل سحور عليه سحور هدية! أشترى سحورين بتمن مية زمزم، نتسحر احنا الاتنين، تاني يوم توصلني للمطار عربية الفندق. سواق سوداني.. نتصاحب.. جاي السعودية يشتغل، وعريس جديد و منتظر يخلف قريب، أقوله: هدعيلك على الطيارة، فيقوللي: خلي والدتك تدعيلي، أقوله: حاضر، أنزل المطار أسلم عليه، وبعد ما أدخل بوابة المغادرين ألاقيه بيجري ورايا وبيديني قارورة مية زمزم، وبيقولي: دي هدية للحاجة، بس اوعى تنسى تخليها تدعيلي بالرزق.. أقف متنح مبقاش مصدق إني كل ده بيحصل لحد آخر لحظة..

كل حاجة حصلت معايا يمكن ساعة ما حصلت ما كنتش مدرك حكمتها، ويمكن ما كُنْتِش شايفها زي اللحظة دي، أنا لوحدي هناك، ربنا يبعتلي راجل هندي، وراجل جزائري، وست ما أعرفش جنسيتها،

وست يمنية، وشاب سوداني، عشان يعلموني إني تدابير ربنا لا يعجزها شيء، يبعتلي ناس لا شبهي، ولا نعرف لغة بعض أو لهجة بعض عشان يفهموني حاجات ما كنتش هفهمها لو قعدت قدام أحسن مُعلم دين بيتكلم لهجتي ولغتي ومن بيئتي.

الرحلة كلها على بعضها كانت تطبيق عملي لكرم ربنا وتوفيقه، ويمكن كل موقف من دُول لو قعدت أتخيله عشان أكتبه ما كنتش هعرف أوصل للتفاصيل دي، وكانت بالنسبالي هتكون مفتعلة وسخيفة، أرجع مصر معايا قارورة المية، ومعايا حاجة أهم بكتير، آية مكنتش هفهم معناها لولا التطبيق العملي اللي حصل معايا "لن تنالوا البر حتى تنفقوا مما تحبون".

● الواحد بيحب حاجات كتير أوي.. مش بس الفلوس.. الإنفاق فلوس، ومشاعر، وهدوم، ووقت، واهتمام، وإتقان في العمل، وبر والدين، وحُسْن صحبة مع الأصدقاء، وحُسْن عِشْرة مع الزوجة، وحُسْن تربية مع الأبناء، الإنفاق مما نحب حُسْن أخلاق قبل ما يبقى تفضل.
"لن تنالوا البر حتى تنفقوا مما تحبون".

20- يُحكى أن

"يُحكى أن" هي مجموعة من الحقائق التي شاهدتها، وعاصرتها، وهي مليئة بالعبر...

1- الضامن هو الله:

أعرف شخصًا مخلوقًا، والجميع يشهد له بالخير، عاش حياته في سلام، وطمأنينة، وكان ميسور الحال، أتم دوره على أكمل وجه، وكان يتمتع بصحة جيدة للغاية؛ حيث إنه كان له نظام حياة صحي، ولا يعاني من أي علة، ومن الناحية المادية كان متوسط الحال؛ حيث يملك راتبه فقط الذي يغطي كافة المتطلبات.

وفجأة يشعر بتعب، ولأول مرة يأخذ إجازة؛ حيث إنه كان يتفانى في العمل، وتم تشخيص الحالة على أنها تلبك في المعدة نتيجة أكلة فاسدة، وذهب للطبيب، وعندما قام بقياس نسبة السكر وجدها مرتفعة، وبدأت الفحوصات والتحاليل، وقال الطبيب المعالج: إنه لا بد وأن يحجز حالًا في المستشفى، وعلى الأهل إيداع مبلغ كبير جدًّا من المال، وهذا المبلغ لم يكن متوفرًا؛ فوقف الأهل في حسرة وحزن شديدين، داعين الله أن يفك الكرب، ويفرج الحال، وإذا بصاحب العمل يدخل ويدفع كل المبلغ، وحُجِز في المستشفى، وعجز الأطباء عن وصف ما به بالتحديد؛ فتارة يقولون: إنه مريض سكر منذ سنوات، على الرغم من نفي أهله لهذا الأمر، وتأكيدهم أنه يتمتع بصحة ممتازة طوال حياته، وتشخيصات أخرى متقاربة لا يوجد لها تفسير سوى أنه أمر الله في التمهيد لأجَل الشخص.

بالطبع كانت صدمة كبيرة جدًّا للأهل، فهو بالنسبة لهم – وبدون مبالغة – السند، وكل شيء، ولم يخطر على بالهم ولو للحظة هذا الأمر.. حالتهم النفسية كانت سيئة للغاية، لكن لديهم أمل كبير في الله..

فسبحان من ألهمهم الصبر..

وجدير بالذكر أن المستشفى حسابها كان ضخمًا جدًا، وإذا بعمله يتكفل بكل المصاريف، وبعد ثلاثة أشهر توفي هذا الرجل رغم أنه كان في أتم صحته. وتوفي معززًا مكرمًا غير ذليل، ورغم أنه كان لا يمتلك سوى ما يوفر له معيشة مستورة بعدما قام بتزويج أولاده، وعدم التقصير معهم قط من الناحية المادية، أو العلمية، فهناك من يمتلك الثروة، ويذل في آخر أيامه.

هذه القصة التي شاهدتها تؤكد بأن الضامن هو الله، وأن من يعمل صالحًا في الدنيا يكن معه الله، فما المرض إلا أمر من الله، ورسالة تأتي من الله للأعضاء، والموت حق، وهو أول مراحل الحياة الأبدية، فالموت ليس بالنهاية، ولكن لا شك بأن الفراق مؤلم للغاية.

لذلك قال رسولنا الكريم (صلى الله عليه وسلم): " إن العين لتدمع، وإن القلب ليحزن، وما نقول إلا ما يُرْضِي الله".

{ ولكن هذا الراتب كان يكفي كافة الالتزامات، بل وبعد وفاته ليس لديه مال في البنك، ولا أملاك بعد أن باع أملاكه من أجل أولاده، ولجعلهم في مكانة راقية كان يساعد المحتاج، ولا يتأخر، وكان مليئًا بكرم واسع، فإذا دخلت منزلهم قدم لك ما لذ وطاب. ((إنها البركة)).}

وما رأيت في حياتي شخصًا يصلي بخشوع مثل هذا الرجل، ويقرأ القرآن بصوت عذب، وكان مبهج الوجه، كريمًا جدًا، ويعطف على غيره، ناهيك عن بره بوالديه، بل وبإخوته.

فندعو الله جميعًا بحسن الخاتمة، فهي أكبر وأعظم مكسب.

2- إحسان طبيب: (التجارة مع الله):

من أكثر الصفات التي أحبها وبشدة هي (الإحسان)، فما أجمل أن يتخلل الإحسان كل حياتك! *ويقول الله تبارك وتعالى: " إن الله يحب المحسنين" ..*

والحقيقة أني سوف أتكلم عن نموذج قابلته شخصيًا، وتعاملت معه، ورأيت الإحسان فيه، فهو طبيب – رغم أنه مع الأسف تجد كثيرًا من الأطباء أصبحوا مستثمرين لا أطباء، والطب من أسمى المهن – قابلته أول مرة منذ عشر سنوات، هو طبيب أطفال، عيادته في منطقة بسيطة، كشفه يسير جدًّا، محبوب جدًّا من الأطفال، وماهر جدًّا في مهنته، ولم أره عابسًا قط، بل لديه ابتسامة تبث الأمل والتفاؤل في النفس.

وبعد مرور ما يقرب من سبع سنوات، ذهبت إليه بابنتي؛ لأنها كانت مريضة، بعد ذهابي بها لأكبر الأطباء، ولكن بلا جدوى منهم، وحقًّا تم شفاؤها بفضل الله ثم أمانة هذا الطبيب.

ولما علمت أنه يسكن في منطقة راقية جدًّا، وميسور الحال، سألته: لماذا لا تنشئ فرعًا آخر في منطقة أفضل من هذه؟ وخاصة أنك تسكن في مكان راقٍ، وإذا أنشأت عيادة هناك فلديك فرصة أكبر بكثير، ولكن رده في الحقيقة صدمني! قال لي: إنه بدأ من هذه المنطقة البسيطة، وهؤلاء هم سبب نجاحي، فهل بعد أن رزقني الله أتركهم، وأذهب وراء المكسب المادي فقط؟!! (أي إحسان هذا؟!)

وعندما سألته: لماذا لا يكون هناك فرع آخر؟ قال: بالطبع لأن لديه أسرة، ولها حق عليه.

لا يوجد كلام لشكر هذا الطبيب، فبالتأكيد جزاؤه عند الله أكبر بكثير، ويكفي (البركة)، ويكفي سمعته البراقة التي لا يقنع بها الماديون، والأغرب أنه لازال سعر كشفه، ورغم هذا الغلاء الرهيب في متناول الفقير، فهو يتاجر مع الله. فما أعظم من هذا؟!

"وهل جزاء الإحسان إلا الإحسان".

21- يا لها من عبرة

إذا تحدثنا عن الراحة النفسية، والهدوء، والصفاء الداخلي، فبالطبع سوف يتبادر إلى أذهاننا مكة والمدينة. فعندما تذهب إلى هناك تشعر كأنك تولد من جديد، تنسى آلامك وهمومك، ويصفو ذهنك.. سبحان الله.. فلو كان هذا شعورنا عندما نذهب إلى هناك، فما بالك بالجنة؟!!!

فعند دخولنا الجنة (اللهم اجعلنا من أهلها) سوف يسألك الله: هل رأيت عذابًا في الدنيا؟ حينها سوف تنسى أي سوء مر بك، وتقول، لا، والله، ففيها ما لا عين رأت، ولا أذن سمعت، ولا خطر على قلب بشر.

وهنا سوف أتكلم عن الصفا والمروة، ويرجع بدء السعي بين الصفا والمروة إلى زمن سيدنا إبراهيم – عليه السلام – حيث ترك نبي الله إبراهيم السيدة هاجر زوجته، وولدهما إسماعيل في هذا المكان بأمر من الله تعالى، ذلك المكان الذى لا حياة فيه، ولا زرع، ولا ماء، ولا زاد.. حيث بدأت السيدة هاجر السعي بين جبلي الصفا والمروة، ملتمسة الماء لابنها الرضيع النبي إسماعيل، فكانت تصعد على جبل الصفا، ثم تنزل وتذهب إلى جبل المروة، وكررت ذلك سبع مرات.

والحقيقة هنا عبرة عظيمة، لا بد من الوقوف عندها، والتأمل.. فعندما تذهب إلى مكة، وتؤدى السعي بين الصفا والمروة – مع العلم أن الآن أصبح المكان في أعلى مستواه، وفي أتم التجهيزات، فالأمر بالنسبة للسيدة هاجر كان أصعب بكثير – تخيّل معي شعور الأم الوحيدة مع طفلها الرضيع في خلاء.. لا ماء.. لا زاد.. وبكاء الرضيع، لك أن تتخيل قلب الأم لحظتها، فهي لم تيأس، بل ظلّت تسعى بين جبلي (الصفا، والمروة) ذهابًا وإيابًا سبع مرات، في صحراء، وحيدة، وتدعو ربها..

وانظر معي إلى رحمة الله، فصدق الله حينما قال: إنه أقرب إلينا من حبل الوريد، فهو سبحانه أرحم على عباده حتى من الأم، فأوجد الله تعالى لها الماء عند موضع زمزم، فشربت، وأرضعت ولدها، فلم تيأس السيدة هاجر، بل ظلت تسعى، وتسعى، ولم تتوقف، فكان جزاؤها بئرزمزم.. بئرزمزم أعذب ماء على الأرض تشربه، وترتوي.. وتدعو بما يشتهيه قلبك.

كل من ذهب إلى مكة، وسعى بين الصفا والمروة، وشرب من ماء زمزم، سيشعر بكلامي هذا..

ذلك من العبرة والعظة التي تقول لنا: اسعَ، ولا تقف..اسعَ والله معك،.. وسيفرجها عليك من وسع.

حقًّا، يا لها من عبرة!

أسأل الله أن يجمعنا على حوض نبيه، ويكتب لنا جميعًا زيارة بيته الحرام.

22- لحياة أفضل

لا يوجد شخص وُلِدَ ناجحًا أو فاشلًا، هي حياتك، فقد تكون ممن أنعم الله عليهم بمن ساعدوك منذ الصغر، وقد تكون مجتهدًا، وواجهت التحديات والصعوبات في حياتك، وأي شخص بإمكانه النجاح لو أراد، واستعان بالله، واجتهد، وسعى، وإليك أقرب مثال: محمد صلاح، وإبراهيم الفقي، وأديسون، والكثير.

***

◼ معادلة نجاح أي علاقة بثلاثة أشياء: النية + الفعل + حُسْن الكلام؛

1- النية يعلمها الله وحده.

2- أفعالك هي المقياس الحقيقي، والأفعال تحتاج سعيًا واجتهادًا.

3- الكلام وسيلة للتعبير عن المشاعر، وأثر الكلمة الطيبة على النفس.

لو انتفت واحدة من الثلاثة حدث خلل أكيد، وإن لم يعبر عنه أحد الأطراف.

لو طُبِّقَت المعادلة، لوجدنا علاقات رائعة على جميع الأصعدة؛ بين الزوج وزوجته، المعلم وتلميذه، الأسرة والأبناء، الأصدقاء في العمل...

(تَذَكَّرْ: يد وحدها لا تصفق).

***

+ لا تغضب.. كل شيء يعالَج بالهدوء.

***

+ تَذَكَّرْ دائمًا أن "ما عندكم ينفد وما عند الله باقٍ".

***

✦ فِرّ مِن المتشائمين والمحبطين، وما أكثرهم!
فأنا أعتبرهم كالسرطان، لو استسلمت لهم لتمكن اليأس منك، فحَصِّنْ نفسك منهم.

***

✦ النماذج الناجحة كلها واجهتها الكثير من الصعوبات، بل والكثير منهم لم يقابلها تشجيع من بداية حياتهم ممن حولهم، ولكنه الإصرار، والإيمان بما لديك.

***

✝ خُلِقْنا ليكمل بعضنا بعضًا، وليس لنهدم ويحارب بعضنا بعضًا.

***

✝ لا تحكم على شخص قبل أن تعاشره، ولا تتسرع في الحكم، ولا تتدخل في شئون غيرك، فدع الخلق للخالق.

***

لعل له عذرًا، لو طبقنا هذا المبدأ في حياتنا ستكون العلاقات في مستوى أرقى وأفضل مما تتخيلون.

***

إياك والجهل.. ففيه سم قاتل!

***

✝ انتق كلماتك.. هناك كلمة تبني، وأخرى تهدم.

***

✝ يمهل ولا يهمل.. سبحانه إنه العدل.. فإياك والظلم!

***

+ كن وسطيًّا، فلا يكلف الله نفسًا إلا وسعها، ولا تنتظر المقابل، احتسبه لوجه الله فقط، ما عند الله خيرٌ وأبقى.. عامل الله فقط.

***

+ الله عليم بذات الصدور.. اطمئن فهو يحميك.. حصانة ليس لها مثيل.

***

لعل ما تخشاه ليس بكائن، ولعل ما ترجوه سوف يكون، ولعل ما هونت ليس بهين، ولعل ما شددت سوف يهون.

***

لا تيأس، فدائمًا هناك حل، "ولا تيأسوا من روح الله"، "واصبر وما صبرك إلا بالله".

انظر إلى ما يحدث لك من منظور أوسع من الذي تراه، وابحث دائمًا عن الحكمة؛ لكي تصل إلى طريق الراحة.

***

➕ لا حول ولا قوة إلا بالله.. تمعَّن فيها جيدًا.

***

➕ بدون علم، لا قيمة لك (أول آية أُنزِلَتْ: اقرأ). (افهم تسعد).

***

- (تيتانيك) لقبوها (بالسفينة التي لا تغرق)! الضامن هو الله، الله فقط.

***

- في العادة لا يقلق من له أب، فكيف يقلق من له رب (الشيخ الشعراوي).

***

الإعلام فيه سم قاتل، قاتل للعلاقات لما يحتويه من إسفاف، وظلم، وخيانات، ومستوى غير لائق، وغير أخلاقي! ولا تبرر بأنه واقع؛ لأن بساطة تركيزك على الإيجابيات من شأنه معالجة السلبيات!

فانتبه لما تتابع وتشاهد، واجعل كل ما تتابعه إيجابيًا ومفيدًا..(مهم جدًّا)

فالإعلام يجب أن يكون له دور راقٍ في المجتمع، ومن الذي يستهين بدوره في انتشار الجرائم؟ فالقانون يؤكد أن مِن أسباب انتشار الجريمة دور الإعلام، وكثرة الأعمال المسيئة التي ليس لها أي فائدة!!

"ظَهَرَ الْفَسَادُ فِي الْبَرِّ وَالْبَحْرِ بِمَا كَسَبَتْ أَيْدِي النَّاسِ لِيُذِيقَهُمْ بَعْضَ الَّذِي عَمِلُوا لَعَلَّهُمْ يَرْجِعُونَ"

[الروم:41]

لعلّنا نتعظ.

***

23- رسائل

- رسالة إلى كل شخص:

اختر طريق حياتك، واسعَ إلى ما تريده.

***

- رسالة إلى كل مجتهد:

من جد وجد، ومن زرع لا بد وأن يحصد، إنه قانون رباني يُطَبَّق على الجميع، حتى ولو كان كافرًا.

لذلك نجد الغرب متقدمين؛ لأنهم مجتهدون، ولكل مجتهد نصيب.

***

● رسالة إلى كل مهموم:

كيف تحزن والله ربك؟!! معك أرحم الراحمين، وأكرم الأكرمين، الجأ إليه، ثق به.

***

● رسالة إلى كل متشدد:

إن الله يحب الرفق في الأمر كله، إن الرفق لا يكون في شيء إلا زانه، ولا يُنتزَع من شيء إلا شانه، يسروا ولا تعسروا، وبشروا ولا تنفروا.

***

- **رسالة إلى كل داعٍ إلى الدين:**

انتبه.. أنت قدوة.

***

- **رسالة إلى كل من يعمل:**

استعن بالله، اجتهد، احلم، طور من نفسك، اسعَ، تَقَدّمْ، فأنت لست آلة، وليكن الإحسان عنوانك، وسوف ترى كرم الله عليك.

***

- **رسالة إلى كل يائس:**

"لا تقنطوا من رحمة الله".

***

- **رسالة إلى كل مغرور:**

لا تغتر، فكل ما لديك منه – سبحانه وتعالى – وكل شيء في زوال،

تواضع، فمن تواضع لله رفعه.

***

• رسالة إلى كل ظالم:

الظلم ظلمات يوم القيامة، اتق الله، واخشه، فكما تدين تدان، ودعوة المظلوم لا ترد، وليس بينها وبين الله حجاب.

***

• رسالة إلى كل طبيب:

كن إنسانًا، ولا تتحول إلى تاجر، فأول ما تقدمه للمريض هو الأمل، وهل جزاء الإحسان إلا الإحسان؟

***

• رسالة إلى كل مقبل أو مقبلة على الزواج:

قدروا قيمة هذه الخطوة العظيمة، فالموضوع ليس بمرعب، بل يتطلب وعي الطرفين، وعلى قدر الاجتهاد والوعي يكون جنة ونعيمًا.

***

• رسالة إلى كل أب وأم:

تحلوا بالصبر، واللين، والوعي، فأبناؤكم هم الثمرة الحقيقية، وعملكم الذي لا ينقطع.

***

- رسالة إلى كل ابن وابنة:

قال تعالى " فلا تَقُل لَّهُمَا أُفٍّ وَلَا تَنْهَرْهُمَا وَقُل لَّهُمَا قَوْلًا كَرِيمًا * وَاخْفِضْ لَهُمَا جَنَاحَ الذُّلِّ مِنَ الرَّحْمَةِ وَقُل رَّبِّ ارْحَمْهُمَا كَمَا رَبَّيَانِي صَغِيرًا*"

(الإسراء: 23 - 24)

***

● رسالة إلى كل معلم:

لو لم تدرك حجم هذه المهنة الراقية السامية، لو لم تدرك ما
تقدمه، لو لم تعلم مدى تأثيرك، اتركها ولا تسئ إلى هذه المهنة، فدورك
عظيم فيها، وأجرك كبير.

***

● رسالة إلينا جميعًا:

فلنتقبل بعضنا، ونركز في أنفسنا، ولا نتكلم، ولا نصنف، ولا نُهِنْ، ولنتفاءل، ولنثق بالله، ولنلتمس الأعذار، ولنسعَ للارتقاء بحياتنا، ولنتعلم حتى آخر لحظة في أعمارنا كيف نحيا..

فلنسعَ إلى راحة البال..

ومعنا أكبر وأعظم قوة (الله).

***

24 - خاتمة

افهم.. تسعد

كلٌّ مِنَّا له حياة واحدة فقط، فاختر الطريق الصحيح لحياتك، وقدر قيمة الوقت، والتعاسة ما هي إلا استسلام! فهي ليست بقدر!

فالحياة مثل السيارة، إذا فهمتها، وتعلمت التعامل معها، واتبعت إجراءات السلامة، نجوت (بإذن الله)، وإذا أسأت الاستخدام فلا تقل إنه القدر!!

www.ingramcontent.com/pod-product-compliance
Lightning Source LLC
Chambersburg PA
CBHW071922120726
48001CB00005B/1828